國家圖書館特藏珍品

乾隆御製稿本 西清硯譜

〔第五册—第六册〕

上海書畫出版社

第五册

欽定西清硯譜目録

此行低一格

第五冊

此行稿在上行冊字下空一格

陶之屬

以下皆低二格

宋澄泥辟水硯 倦勤齋

宋澄泥列錢硯 絳雪軒

宋澄泥蟠夔石渠硯

宋澄泥倣建安瓦鐘硯

宋澄泥倣唐石渠硯

欽定西清硯譜

欽定西清硯譜

宋澄泥海濤異獸硯

元趙孟頫澄泥斧硯養心殿

元虞集澄泉結翠硯養性殿

元澄泥龍珠硯乾清宮

宋澄泥辟水硯正面圖

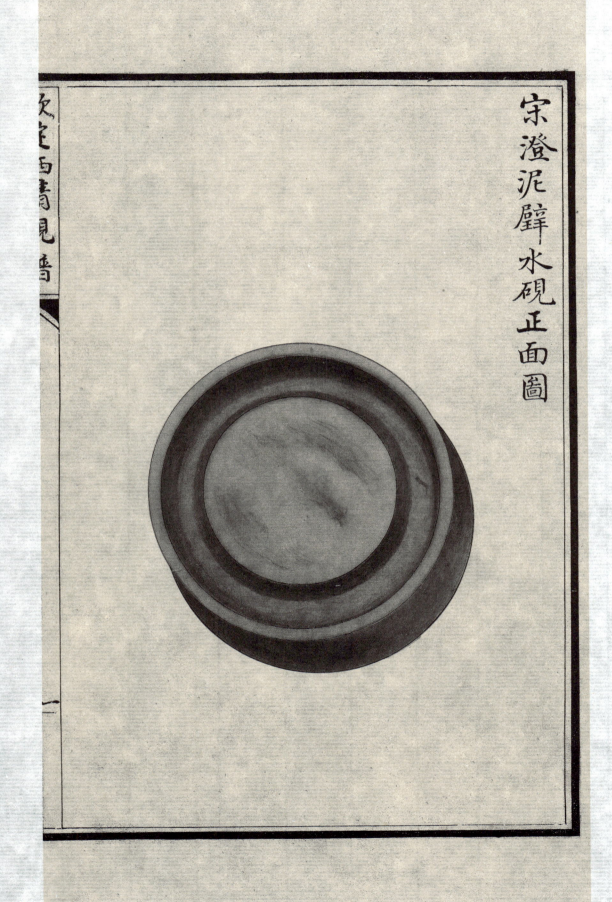

宋澄泥辟水硯背面圖

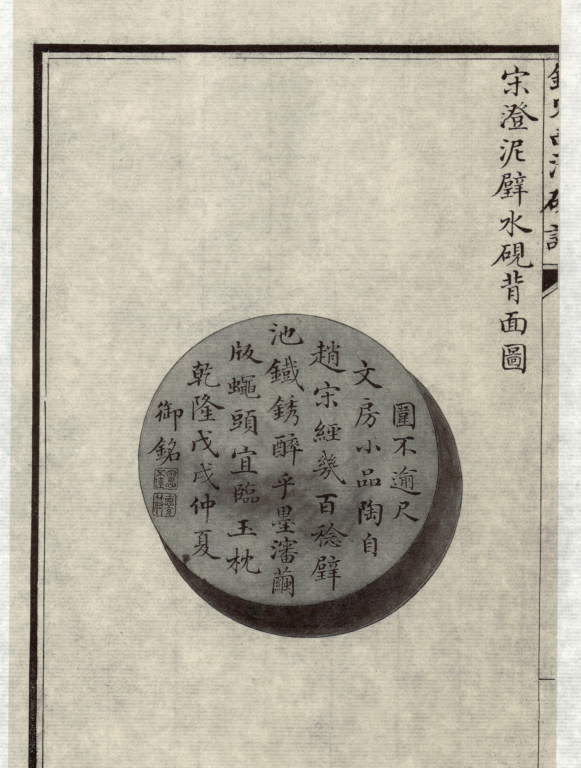

圓不逾尺
文房小品陶自
趙宋經幾百稔辟
池鐵銹醉乎墨瀋繭
版蠅頭宜臨玉枕
乾隆戊戌仲夏
御銘

宋澄泥辟水硯說

硯圓徑二寸六分厚三分許宋澄泥製受墨處微

凹規圓如辟環以墨池硯背正平鐫

御題銘一首楷書鈐寶二曰會心不遠曰德充符是硯

圜不及尺而質細且潤宜筆蓄墨窊便濡染洵稱

小品中之佳者匣盖鐫

御題銘與硯同隸書鈐寶一曰德充符

宋澄泥列錢硯正面圖

宋澄泥列錢硯背面圖

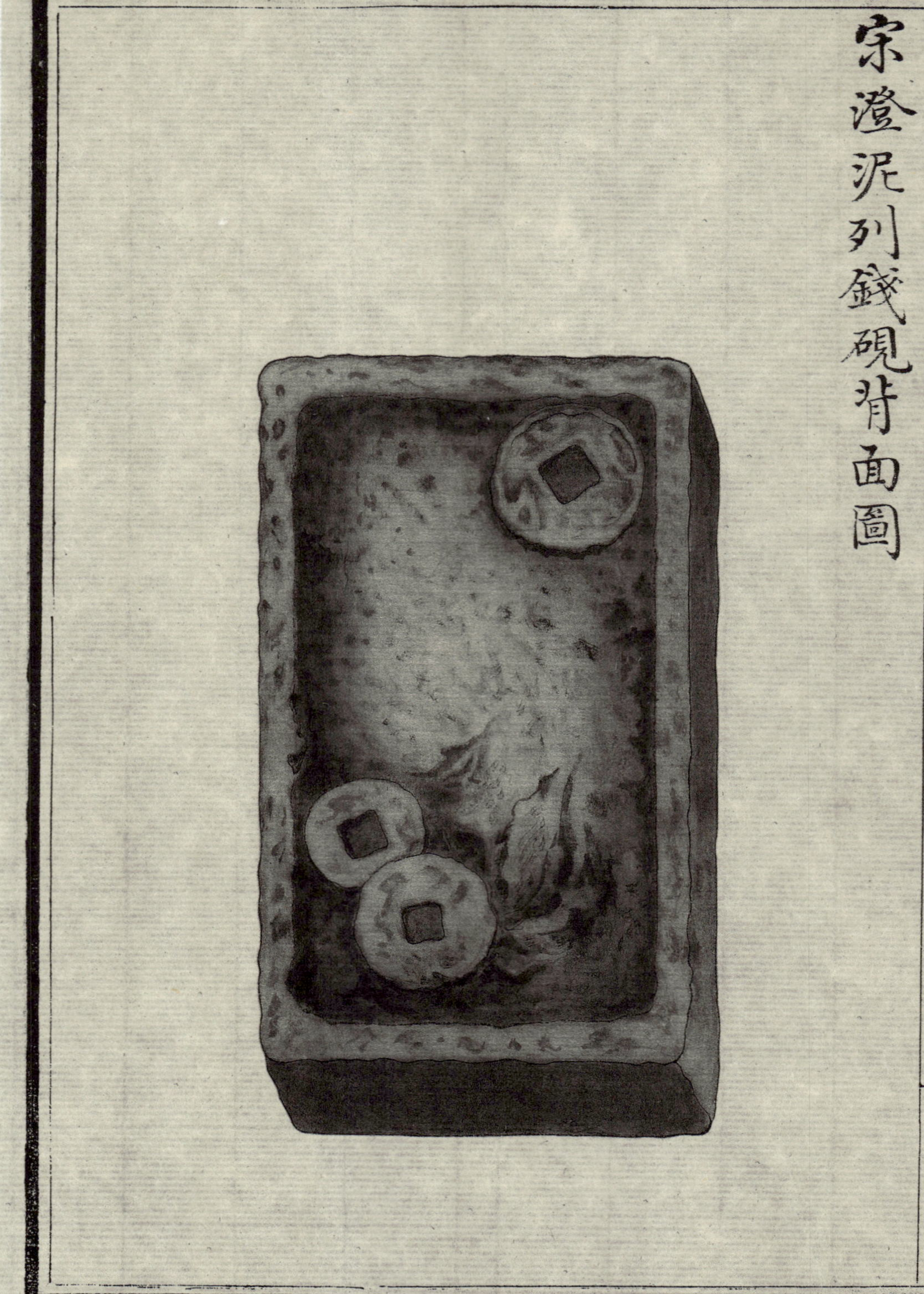

宋澄泥列錢硯下方側面圖

遍圍青綠貼三錢在鏇近銅理或然設使魯褒欲著論可容斯也置身邊

乾隆御題

宋澄泥列錢硯説

硯高三寸八分寬二寸三分厚五分澄泥爲之長方式徧裹青緑砂斑如古鼎彝惟受墨處橢圓三寸許露澄泥本質色正黄邊上方流雲紋隱現覆手粘古錢三一大二微小入土融漬彌形古蒸下方側鐫

御題詩一首楷書鈐寶二曰乾隆匣蓋並鐫是詩隸書鈐寶二曰比德曰朗潤

御製題宋澄泥列錢硯

遍圍青綠貼三錢在鑛近銅理或然設使魯褒欲著論可容斯也置身邊

六

宋澄泥蟠夔石渠硯正面圖

繪圖十分之六

七

奉
旨撤去龍尾石太極硯一方添入此方

宋澄泥蟠夔石渠硯正面圖

繪圖十分之六

七

宋澄泥蟠夔石渠硯背面圖

宋澄泥蟠虁石渠硯説

硯高五寸六分寛四寸七分厚一寸三分宋澄泥製色如紫玉而極細潤受墨處微凹周環以渠深六分許邊周刻蟠虁十三側面環刻流雲及蟠虁十覆手深五分許三層遞束而下中刻子母虁四

上鐫

御題詩一首楷書鈐寶二曰古香曰太璞匣蓋並鐫是詩隸書鈐寶二曰乾隆四足各為獸面出硯三分

許離几亦三分許是硯質古式雅興
内府舊藏石渠諸硯款式相同其爲宋時汾州澂
泥無疑也

御製題宋澄泥蟠夔石渠硯

呂叟應曾煅製來夔為蟠以玉為胎石渠天祿人爭羡

誰果不孤視草臺

九

宋澄泥仿建安瓦鐘硯正面圖 繪圖十分之八

宋澄泥仿建安瓦鐘硯背面圖

宋澄泥仿建安瓦鐘硯說

硯高四寸六分上寬二寸八分下寬三寸九分厚一寸一分宋澄泥製仿漢瓦式琢為半鐘鐘體平處受墨上為方池深分許上刻篆帶篆間有乳八欒間刻粟紋綴以三花上方為鐘紐有卧蠶紋覆手穹起離几六分許中鐫建安二字陽文隸書上鐫

御題詩一首楷書鈐寶一曰比德匣蓋並鐫是詩隸書

十二

鈐寶二、曰比德曰朗潤

御製題宋澄泥仿建安瓦鐘硯

泥也而金若鑄成宋𩐃齊鎛莫傳名摛文設擬洪鐘響

欲問伊誰為𦺇鯨

宋澄泥倣唐石渠硯正面圖 繪圖十分之七

十三

宋澄泥倣唐石渠硯背面圖

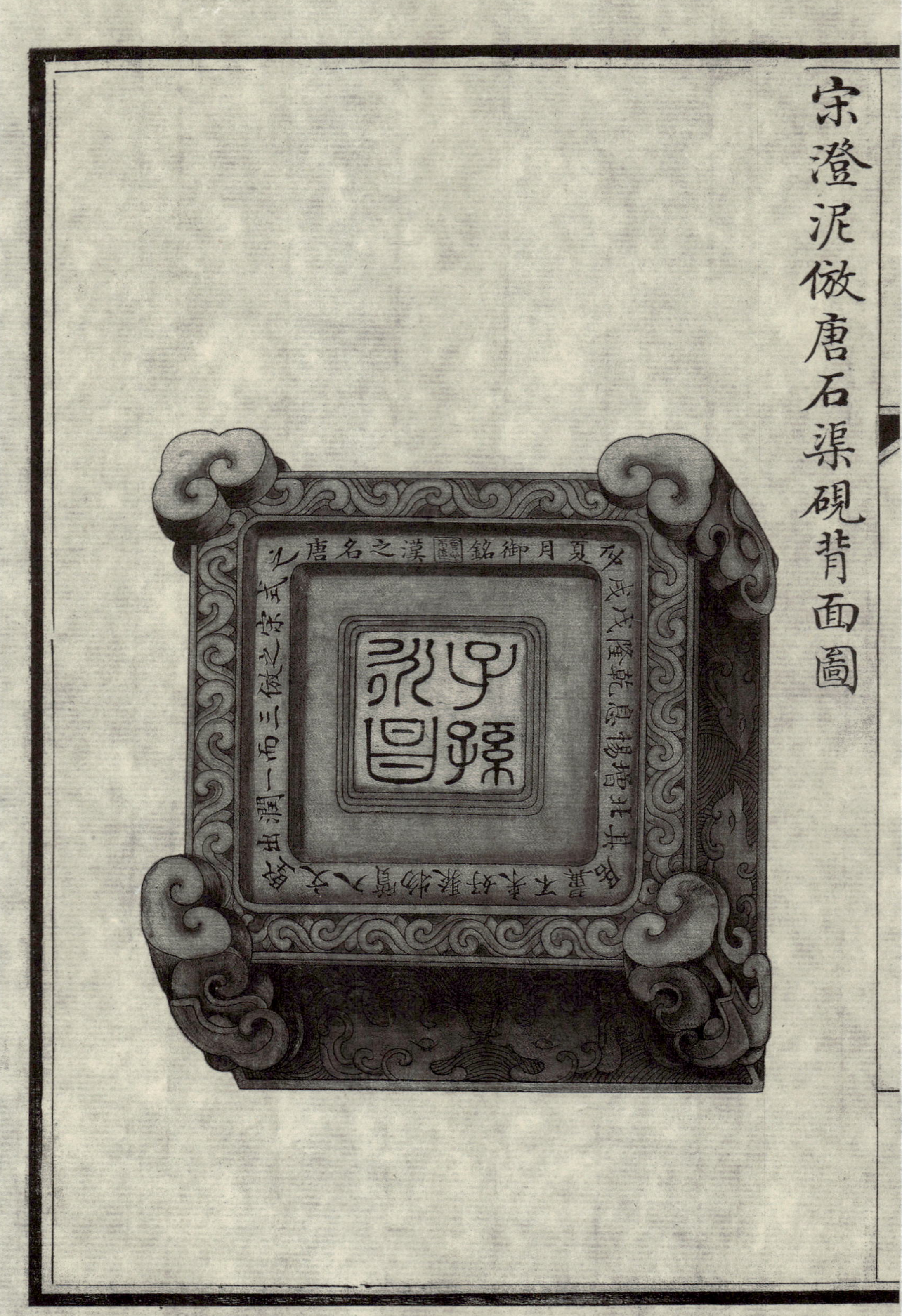

宋澄泥仿唐石渠硯說

硯高四寸一分寬如之厚一寸澄泥製四周石渠深三分外斗而內側上方墨池較渠深三分許邊周刻蔽文間以水波側面亦周布波紋每面各刻螭虎二覆手深四寸分許作兩層外邊周刻水藻紋内周鐫

御題銘一首楷書鈐寶一曰會心不遠中鐫子孫永昌四字方印一四趺刻獸面抱硯離几二分許是硯

式仿唐製澄泥亦紫色細潤惟閱年較近青緑漬蝕處稍遜其古厚然亦非宋以後所能及匣蓋鐫

御題銘與硯同隸書鈐寶二曰幾暇怡情曰得佳趣

御製宋澄泥倣唐石渠硯銘

漢之名唐之式宋之倣三而一潤出堅文入質物聚好

来不翼居其北增惕息

御題詩不寫於此處
今已另添圖一頁
可移寫於下頁

宋澄泥海濤異獸硯正面圖

繪圖十分之七

知雕不辨
鑿痕施獸
居騰濤壽
若披穀供
本家成賦
徵援天鎔
良許多奇
乾隆戊戌
御題

十六

宋澄泥海濤異獸硯背面圖

宋澄泥海濤異獸硯下方側面圖

知雕不辨
鑿痕施獸
若騰濤濤
若披縠供
木家成賦
後揆天鎔
出許多奇
乾隆戊戌
御題 [seals]

後半頁
接寫說

十七

宋澄泥海濤異獸硯說

硯高五寸八分寬三寸八分厚一寸四分宋澄泥製色赤而潤遍裹墨鏽邊周刻海水墨池波濤坌起中有異獸一趺亦周刻海水覆手深三分許海波盪潏上方左異獸出没中刻贔屭負碑半出水外下方側鐫

御題詩一首楷書鈐寶二曰比德曰朗潤匣蓋並鐫是詩隸書鈐寶二曰幾暇怡情曰得佳趣

御製題宋澄泥海濤異獸硯

知雕不辨鑿痕施獸若騰濤濤若披起供木家成賦後

挾天鎔出許多奇

元趙孟頫松雪齋硯正面圖

元趙孟頫澄泥斧硯説

硯高三寸五分寛二寸三分厚五分澄泥為之質極細膩古香可挹硯體長方受墨處連池刻為斧形旁刻兩螭首銜斧面背四邊俱有剥落左側鐫三希堂御用五字隸書右側鐫御題詩一首與題孟頫澄泥鷗波硯同楷書鈐寶二曰比德曰朗潤霞復手鐫元趙孟頫銘十二字草書下署子昂二字款行書匣蓋鐫

御題詩與硯同行書鈐寶二曰幾暇怡情曰得佳趣匣底鐫寶一曰乾隆御玩

御製題元趙孟頫澄泥斧硯

王孫松雪齋頽久遺跡空傳翰墨香祇有淬妃猶好在芸帷時晤十三行

元趙孟頫銘　質而堅靜而玄惟其然故永年

元虞集澄泉結翠硯正面圖

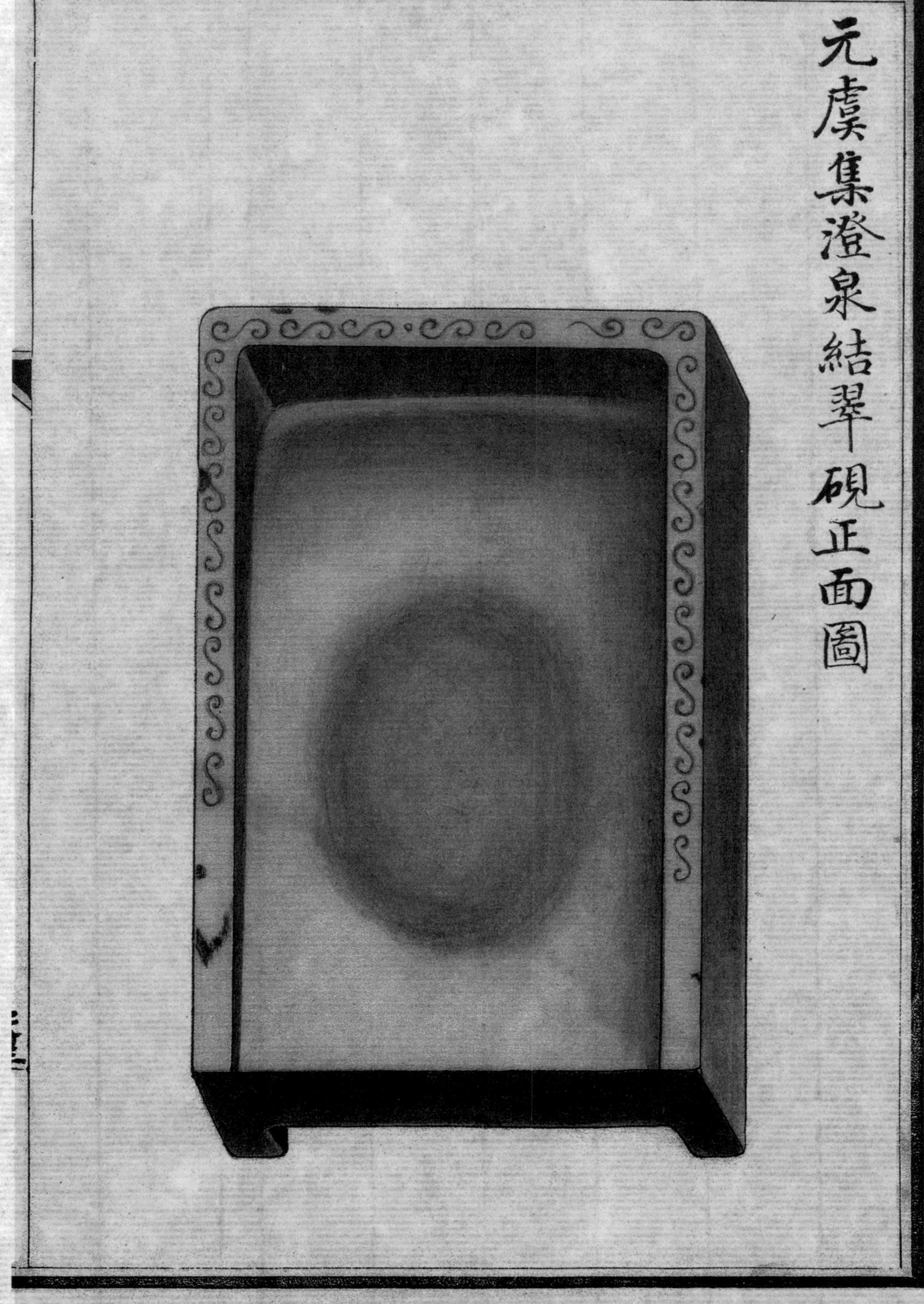

元康某谿泉[illegible][illegible]硯背面圖

元虞集澄泉結翠硯背面圖

元虞集澄泉結翠硯側面圖

鷗波

留三泖八窩經研

二十四

元虞集澄泉結翠硯說

硯高四寸一分寬二寸七分厚五分許澄泥為之硯面正平直下深削三分許為墨池邊周刻流雲紋左側鐫留三道人寫經研七字篆書右側鐫鷗波二字隸書覆手左上方鐫

御題七言絕句一首楷書鈐寶二曰古香曰太璞匣盖並鐫是詩鈐寶二曰比德曰朗潤右鐫澄泉結翠四字隸書後有虞集題三字款楷書伯生珍玩二

字方印各一右下方子京二字瓢印一考鷗波亭在湖州府城內江子滙上元趙孟頫遊息之所故是硯孟頫以之署款伯生同時復加品題留三道人雖未詳其名氏要與明項元汴子京俱經收藏者雪泥鴻爪獲藉是硯以不朽詎非幸歟匣底鐫寶一曰乾隆御玩

並鐫　御題詩與璽　隸書殿寶二曰比德曰朗潤

御製題元虞集澄泉結翠硯

絳紗漉取歷陶甄泥也而今較石堅通奉信稱能體物

溯源結翠到澄泉

二十六

元澄泥龍珠硯正面圖

元澄泥龍珠硯背面圖

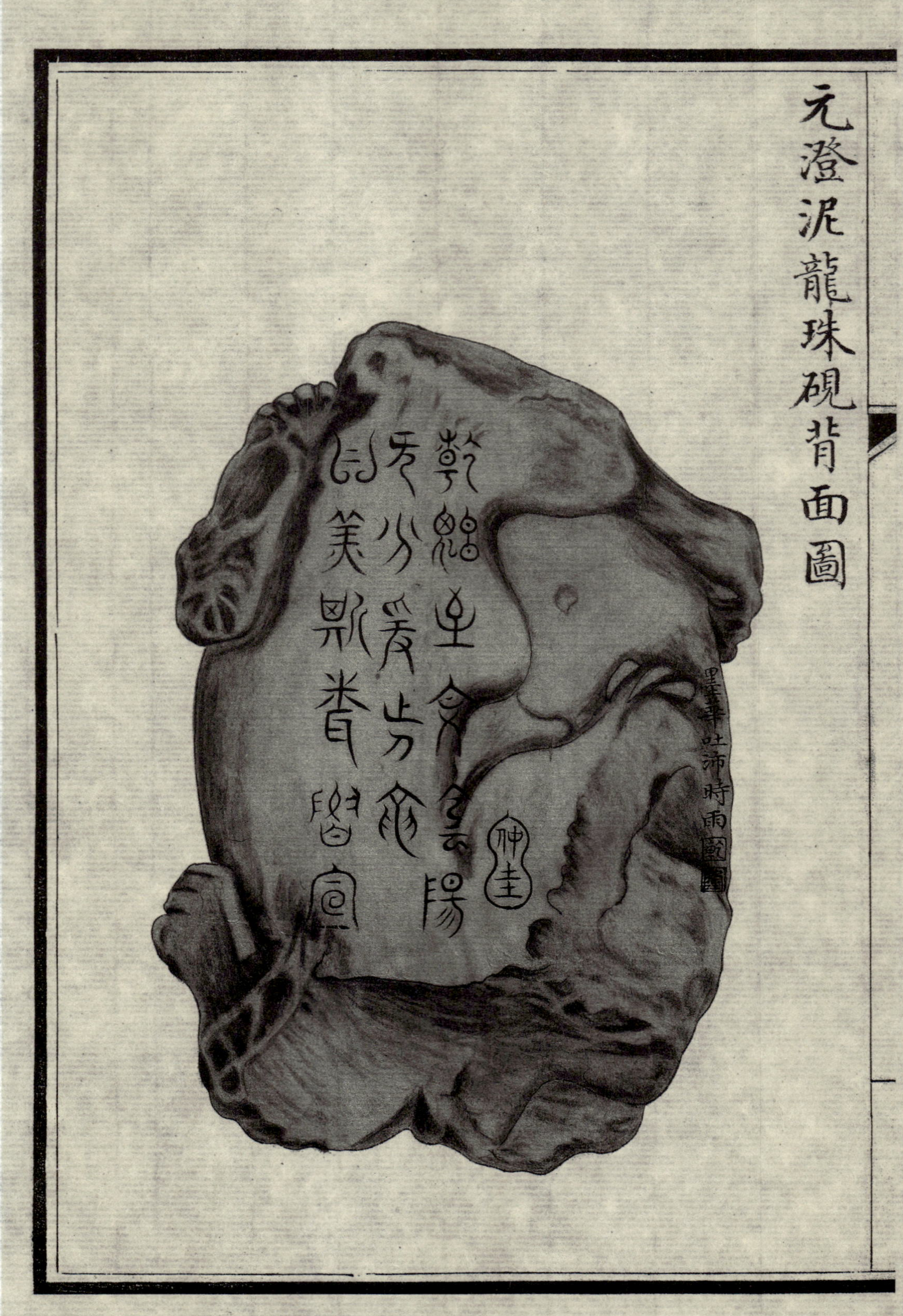

元澄泥龍珠硯說

硯高四寸八分寬三寸三分厚一寸二分澄泥製

通體刻作蟠龍受墨處正圓若龍抱珠墨池正當

龍口鱗甲之而勢含風雨左側鐫

御題銘一首楷書鈐寶二曰乾隆硯背為龍腹鐫銘十

六字款署魯宣二字俱篆書右旁瓢印一曰仲圭

（内缺一字）

下方刓缺寸許匣蓋鐫

御題銘與硯同楷書鈐寶一曰幾暇臨池匣底内鐫元

硯二字楷書鈐寶一曰乾隆御玩外鐫銘文二十四字署款曰唐子西研銘康熙著雍敦牂端凝殿珍翫十六字俱楷書鈐寶一曰崇文清玩查魯宣無考元吳鎮字仲圭善書畫硯蓋其所寶者著雍敦牂為康熙十七年歲次戊午是硯自元至

國朝四百餘年流傳

内府

品題珍翫迄今又屆百年恭頌

墨華時雨之銘盍仰

聖澤相承入人深厚不獨為斯硯慶遭逢也

二十九

平寫

御製元澄泥龍珠硯銘

墨華吐沛時雨

魯宣銘　乾魁至文陰陽既分爰此龍闕曰美斯

〇閒

匣底鐫唐子西硯銘　不能銳因以鈍為體不能

〇動因以靜為用惟其然所以能永年

三十

第六册

欽定西清硯譜目錄

第六冊

陶之屬

明製瓦硯

舊澄泥方池硯 齋宮

舊澄泥卷荷硯 坤寧宮東暖閣

舊澄泥玉堂硯一 懋勤殿

舊澄泥玉堂硯二

欽定西清硯譜

一

舊澄泥伏犀硯

舊澄泥鐘硯

舊澄泥四直硯

明製瓦硯正面圖

繪圖十分之五

明製瓦硯背面圖

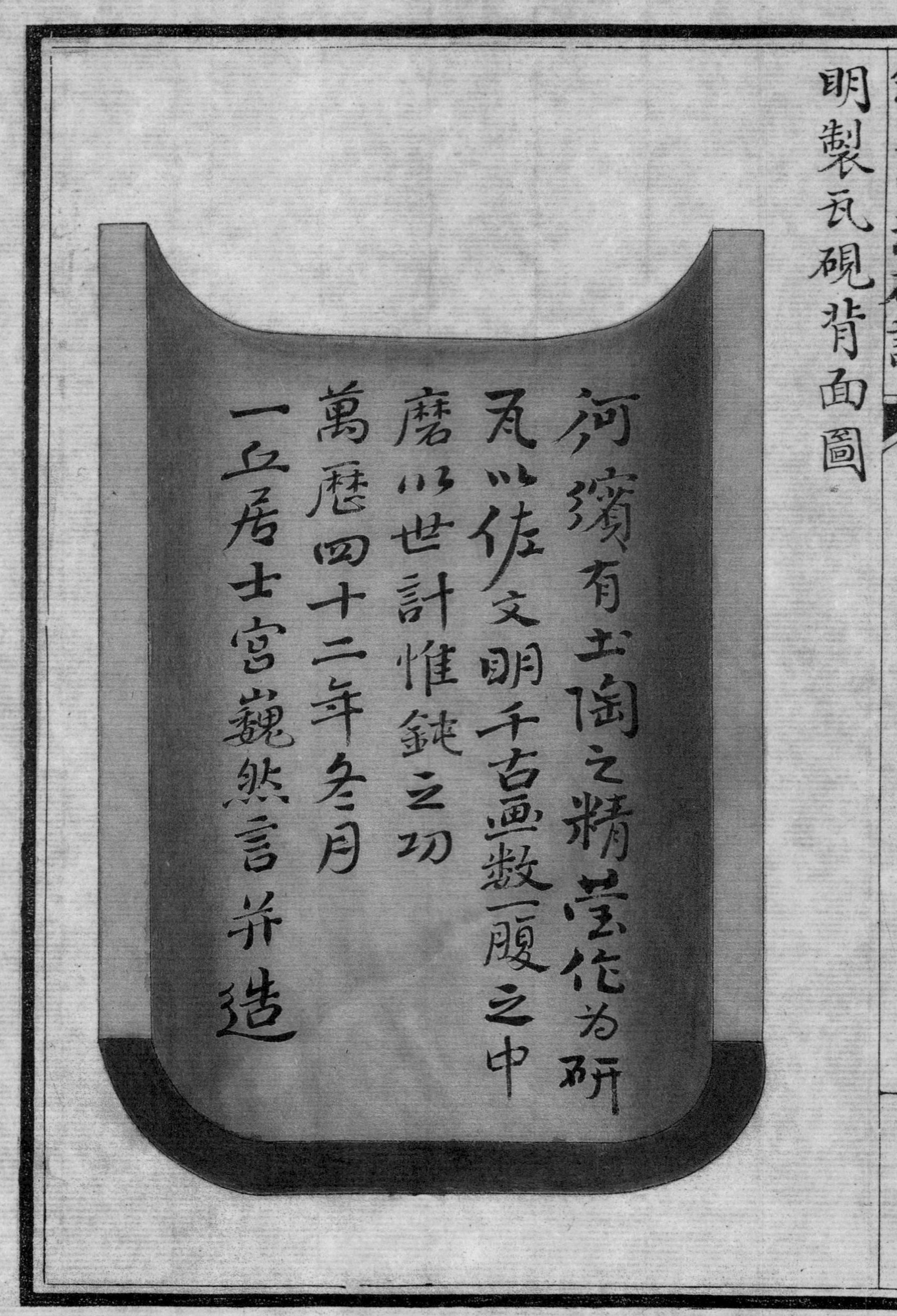
河濱有土陶之精瑩化為研
瓦以佐文明千古畫數一腹之中
磨以世計惟鈍之功
萬曆四十二年冬月
一丘居士宮巍然言并造

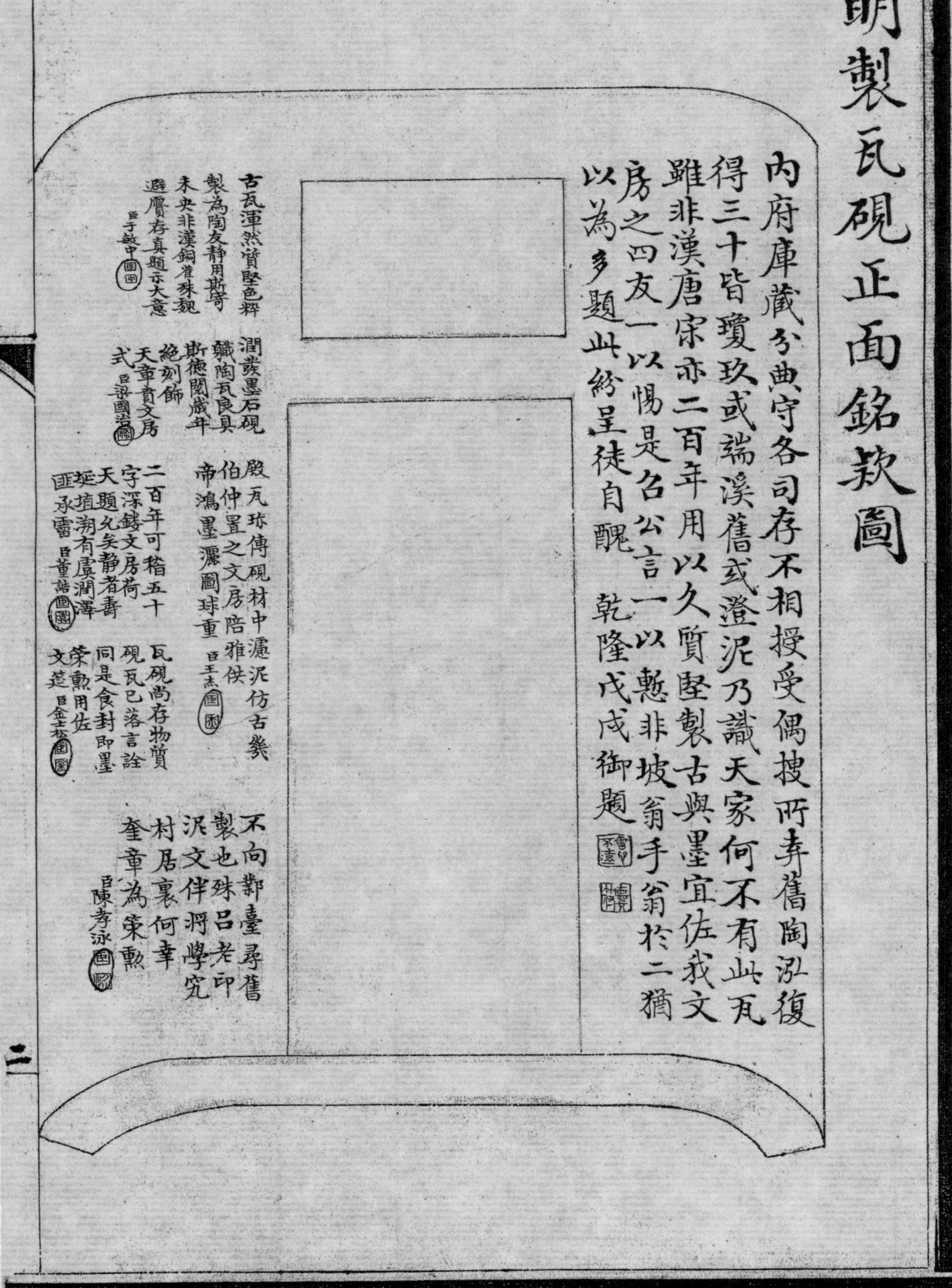
明製瓦硯正面銘款圖
内府庫藏分典守各司存不相授受偶搜所弆舊陶泓復
得三十皆瓊玖弍端溪舊弍澄泥乃識天家何不有此瓦
雖非漢唐宋亦二百年用以久質堅製古與墨宜佐我文
房之四友一以惕是名公言一以懲非坡翁手翁於二猶
以為多題此紛呈徒自醜
乾隆戊戌御題
古瓦渾然質堅色粹
製為陶友靜用斯寄
未央非漢銅雀殊魏
避贋存真題示大意
臣于敏中
潤發墨石硯
職陶瓦良具
斯德閱歲年
絕刻飾
天章賁文房
式　臣梁國治
殿瓦琢傳硯材中濾泥仿古幾
伯仲置之文房陪雅伕
帝鴻墨灑圖球重　臣王杰
二百年可稽五十
字深鏤文房荷
天題允矣靜者壽
延埴溯有虞潤澤
匪承霤　臣董誥
瓦硯尚存物質
硯瓦已落言詮
同是食封即墨
榮勳用佐
文筵　臣金士松
不向鄴臺尋舊
製也殊呂老印
泥文伴泓學究
村居裏何幸
奎章為策勳
臣陳孝泳
二

明製瓦硯説

硯高九寸許寛七寸二分穹起如瓦離几一寸七分許陶土爲之硯面削平爲受墨處縱五寸五分廣三寸九分上方墨池如仰瓦深二寸八分許旁多駁落右方鐫

御題詩一首楷書鈐寶二曰會心不遠曰德充符左方鐫臣于敏中臣梁國治臣王杰臣董誥臣金士松臣陳孝泳詩銘各一首硯背鐫銘三十二字末署

萬曆四十二年冬月一邛居士宮巍然言并造十
八字款並行書巍然爵里無考是硯雖係仿瓦式
為硯非若未央銅雀流傳之古而自明迄今已閱
二百餘歲久弆内庫一經
天題拂拭用佐
文房盖不朦為是硯慶遭逢云匣盖内鐫
御題詩與硯同隸書鈐寶二曰比德曰朗潤

三

御製題明製瓦硯

内府庫藏分典守各司存不相授受偶搜所弆舊陶泓復得三十皆瓊玖或端溪舊或澄泥乃識天家何不有此瓦雖非漢唐宋亦二百年用以久質堅製古與墨宜佐我文房之四友一以惕是名公言一以懋非坡翁手翁於二猶以為多題此紛呈徒自醜

明宮巍然銘　河濵有土陶之精瑩作為研瓦以佐文明千古畫數一腹之中磨以世計惟鈍之功

萬歷四十二年冬月一邛居士宫巍然言并造

臣于敏中銘 古瓦渾然質堅色粹製爲陶友静

用斯寄未央非漢銅雀殊魏避贗存真題示大意

臣梁國治銘 潤潑墨石硯職陶瓦良具斯德閲

歲年絶刻飾

天章賁文房式

臣王杰銘 殿瓦琢傳硯材中澶泥仿古幾伯仲

置之文房陪雅供

帝鴻墨灑圖球重

臣董誥詩　二百年可稽五十字深鏤文房荷

天題允矣靜者壽埏埴湖有虞潤澤匪承霤

臣金士松詩　瓦硯尚存物質硯瓦已落言詮同

是食封、即墨榮勳用佐

文莚

臣陳孝泳詩　不向鄴臺尋舊製也殊呂老印泥

文伴將學究村居裏何幸

五

金壺七墨終

奎章為榮勲

舊澄泥方池硯正面圖

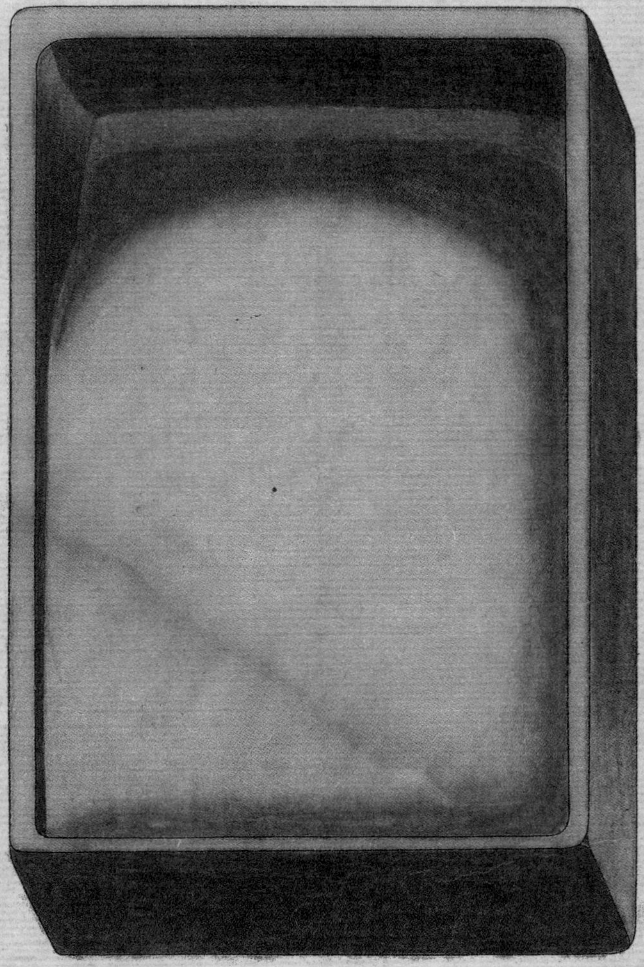

舊澄泥方池硯背面圖

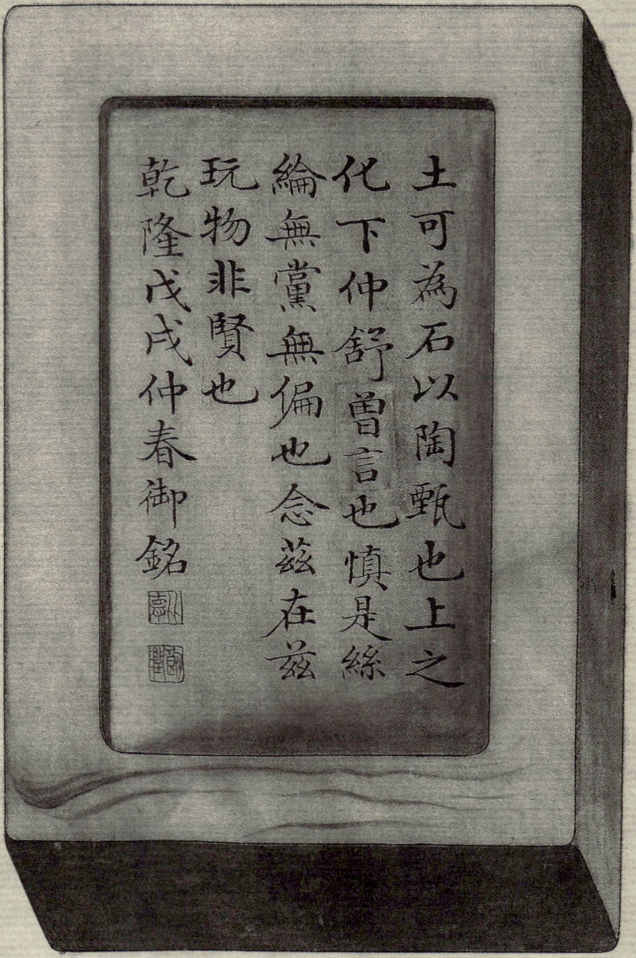

土可爲石以陶甄也上之化下仲舒曾言也慎是絲綸無黨無偏也念兹在兹玩物非賢也
乾隆戊戌仲春御銘

舊澄泥方池硯説

硯高三寸九分寬二寸六分許厚五分許舊澄泥為之色紫而硯面微黄墨池寬廣方直頗便聚瀋

覆手鐫

御題銘一首楷書鈐寶二曰比德曰朗潤匣蓋並鐫是銘隸書鈐寶二曰會心不遠曰德充符

七

御製舊澄泥方池硯銘

土可為石以陶甄也上之化下仲舒曾言也慎是絲綸無黨無偏也念兹在兹玩物非賢也

舊澄泥卷荷硯正面圖

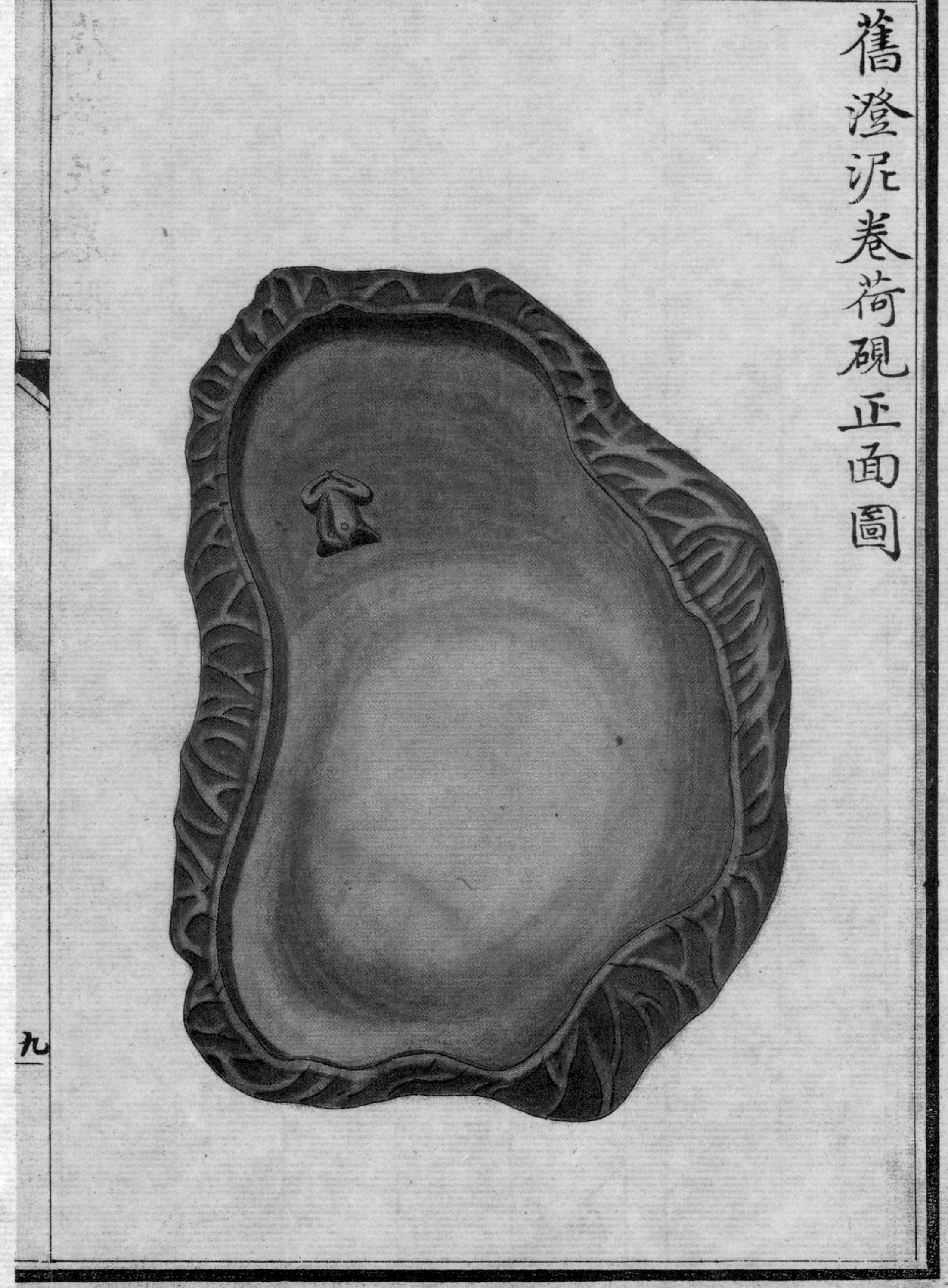

舊端溪蒼石硯背面圖

舊澄泥荷葉硯說

硯為荷葉形舊澄泥質[illegible]高四寸五分寬三寸

許上下斂三分之一[illegible]

[illegible]

[illegible]

匣蓋

御題詩一首楷書璽一曰古香[illegible]

書璽二曰會心不遠曰德充符

御製題舊澄泥卷荷硯

荷葉卷為承露盤松煤研處溢文瀾箏非秋設擬其挾影落蟾蜍在廣寒

舊澄泥玉堂硯正面圖 第一硯

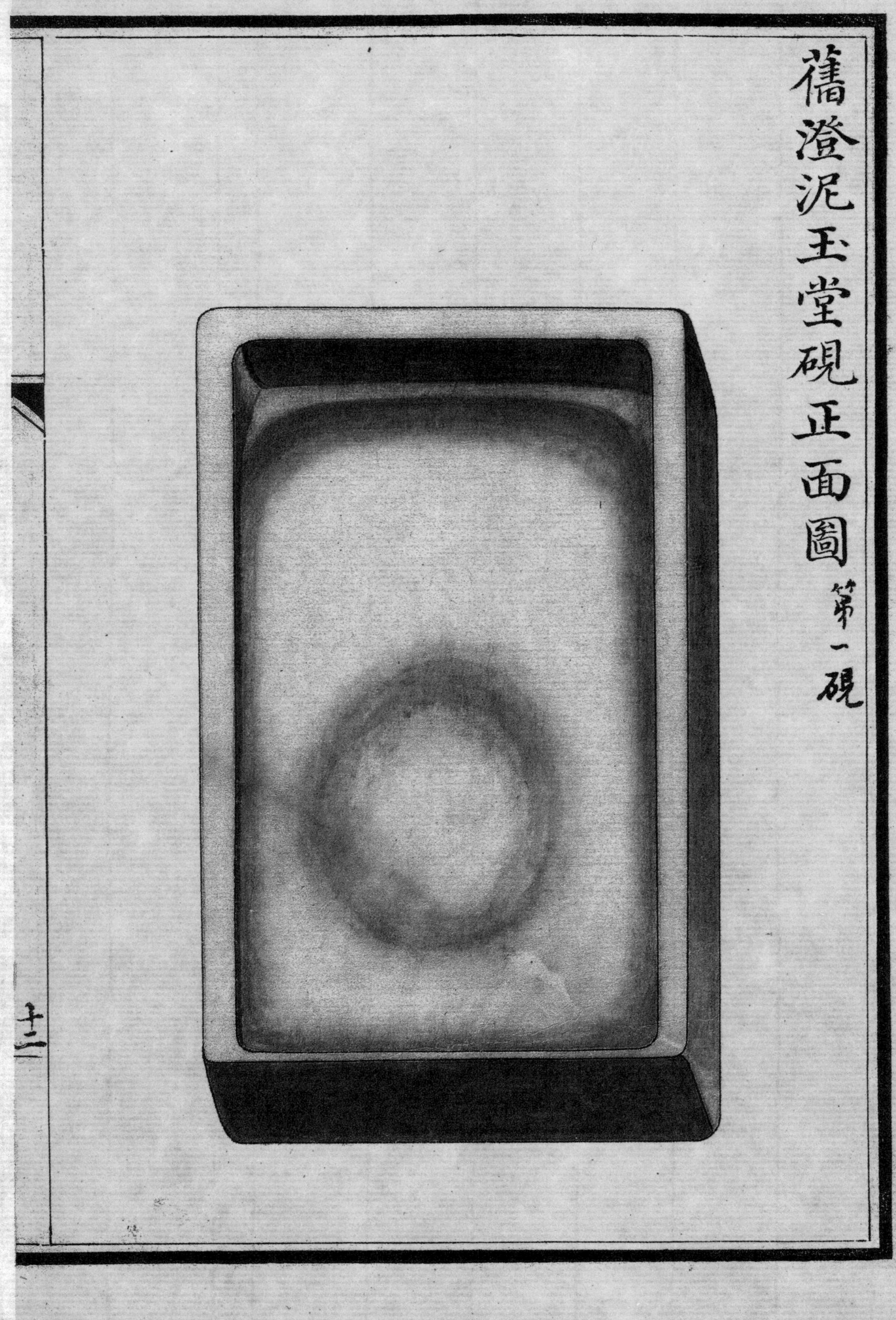

十二

舊澄泥玉堂硯背面圖

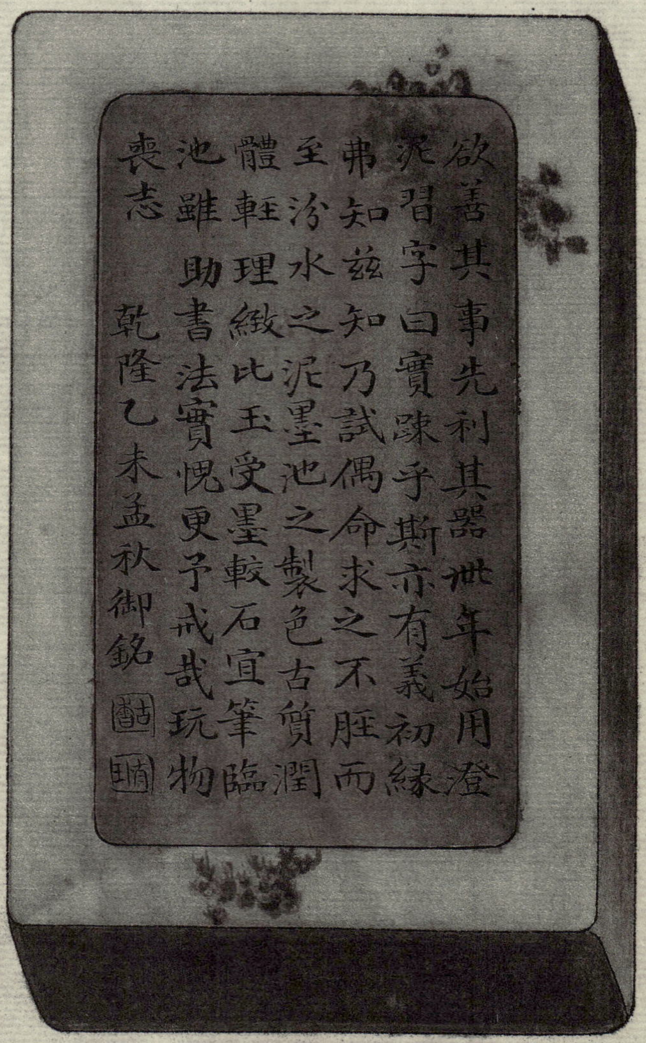

欲善其事先利其器卅年始用澄
泥習字曰實隸予斯亦有義初緣
弗知茲知乃試偶命求之不脛而
至汾水之泥墨池之製色古質潤
體輕理緻比玉受墨較石宜筆臨
池雖助書法實愧更予戒哉玩物
喪志
乾隆乙未孟秋御銘

舊澄泥玉堂硯上方側面圖

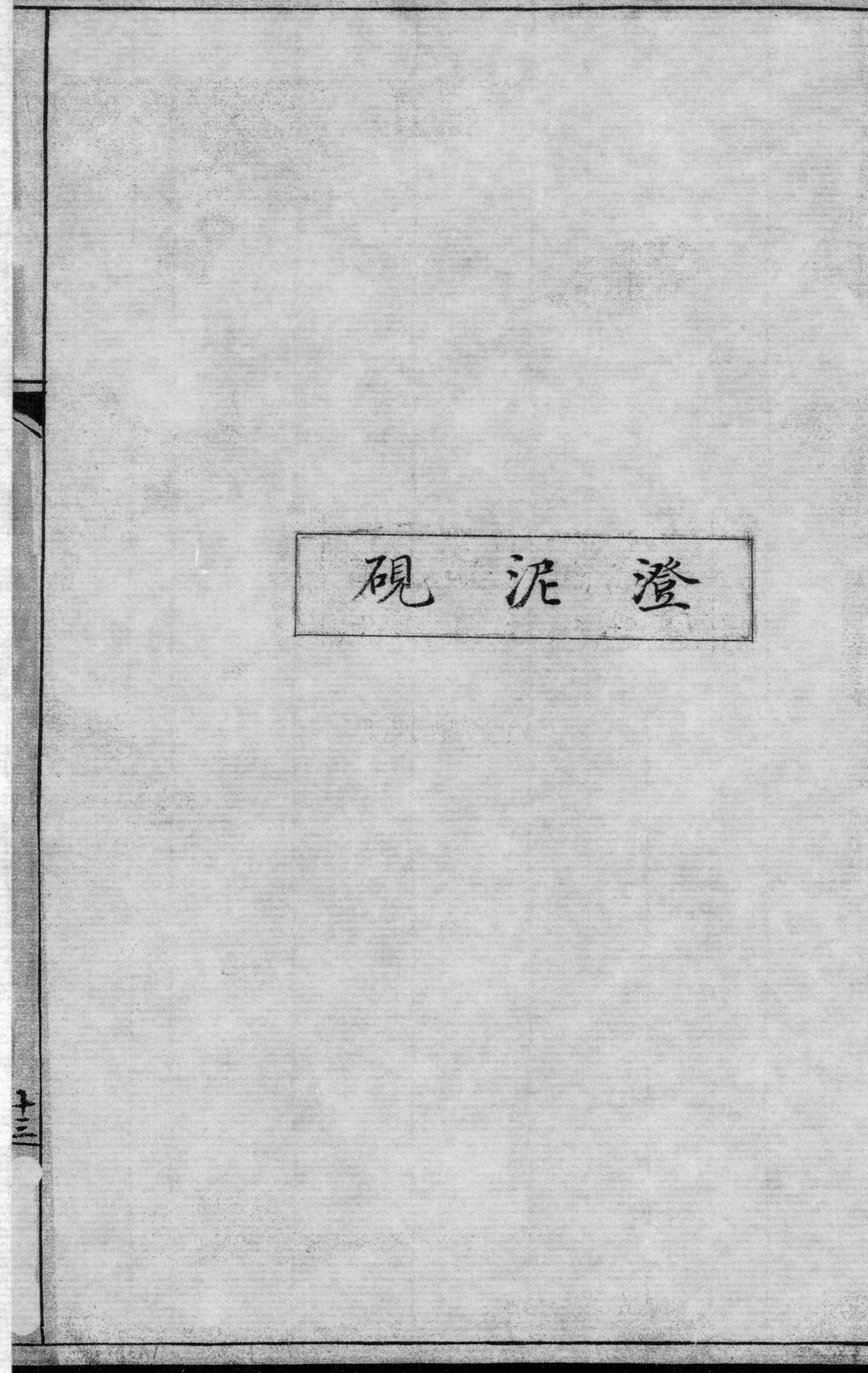

澄泥硯

十三

舊澄泥玉堂硯說

硯高四寸三分寬二寸七分厚五分玉堂式舊澄泥為之色黄而澤墨池深四分許上方側鐫澄泥硯三字楷書覆手上下俱有鐵花中鐫

御製銘一首楷書鈐寶二曰古香曰太璞匣蓋内並鐫是銘隸書鈐寶二曰比德曰朗潤底内鐫乾隆御用四字外鐫澄泥硯三字俱隸書謹案是硯常侍

翰筵臣等敬觀受墨處窪圓如錢仰惟我

皇上筆法天縱超妙入神而
萬幾餘暇寄興臨池伏讀
御製硯銘益徵
天行之健彌綸無間云

御製舊澄泥玉堂硯銘

欲善其事先利其器卅年始用澄泥習字曰實蹟乎斯亦有義初緣弗知茲知乃試偶命求之不脛而至汾水之泥墨池之製色古質潤體輕理緻比玉受墨較石宜筆臨池雖助書法實愧更予戒哉玩物喪志

十五

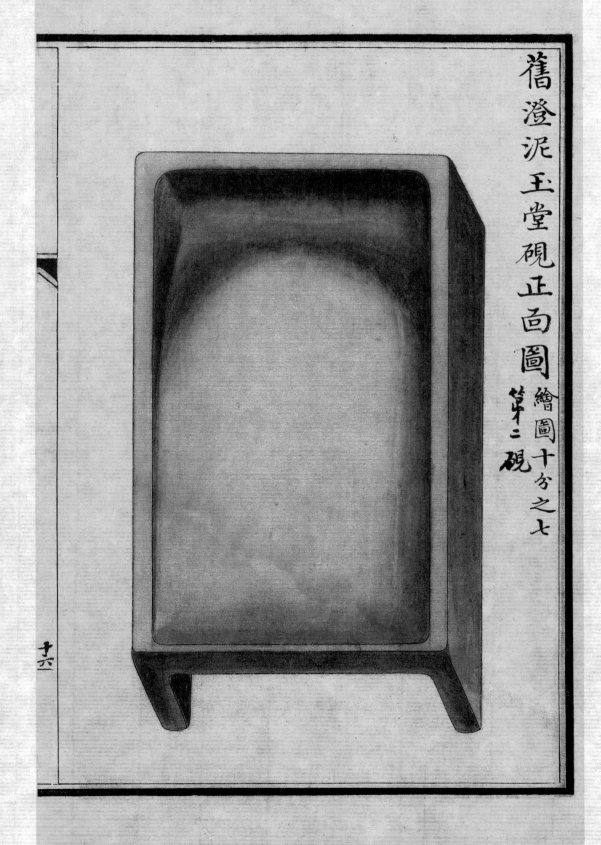

舊澄泥玉堂硯正面圖 繪圖十分之七

第十二硯

十六

舊澄泥玉堂硯背面圖

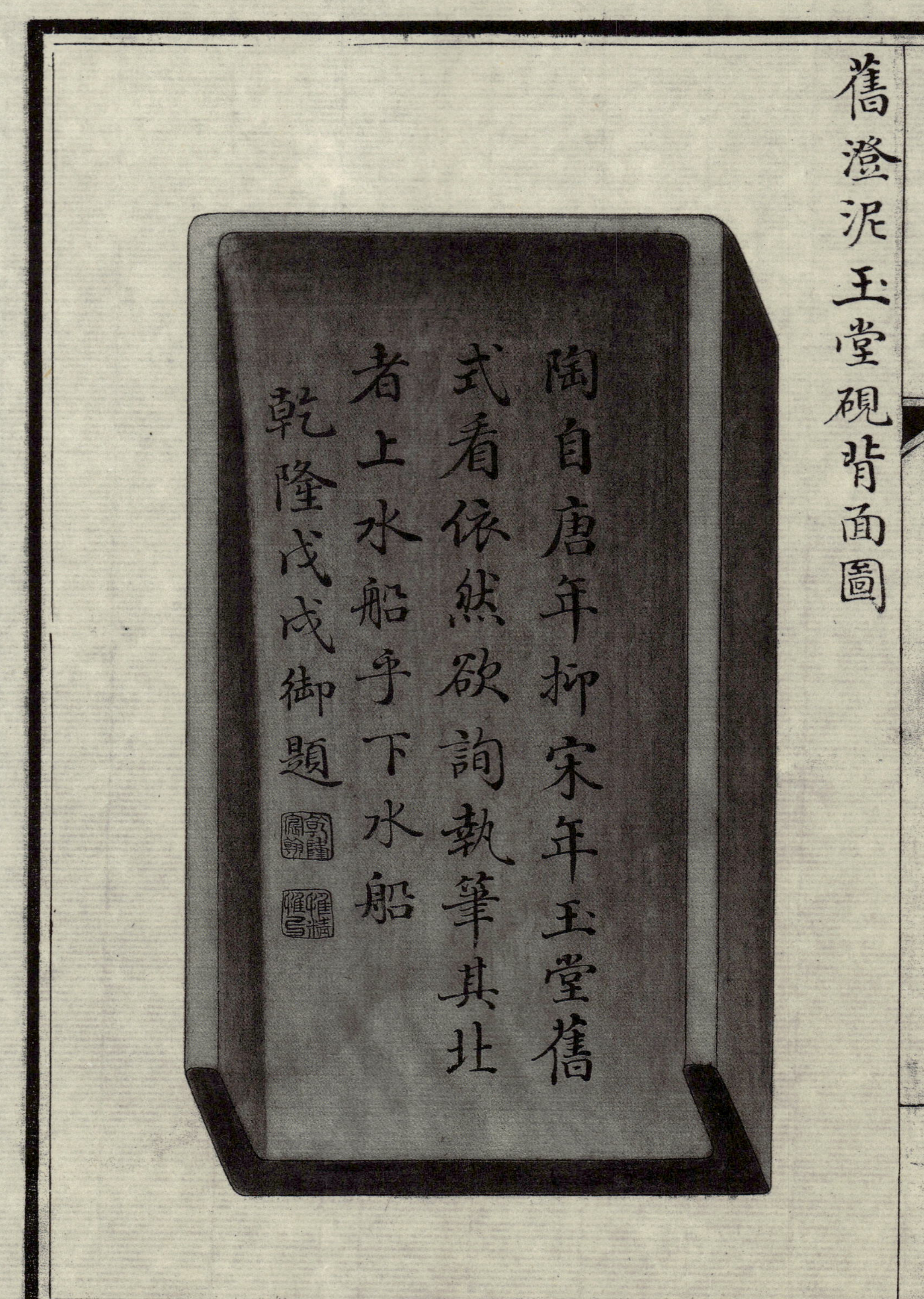
陶自唐年抑宋年玉堂舊
式看依然欲詢執筆其壯
者上水船乎下水船
乾隆戊戌御題

舊澄泥玉堂硯說

硯高六寸六分寛四寸一分厚一寸三分澄泥製色黄體輕極為細膩墨池深廣鏽痕瑩漬覆手從上削下直勒兩跗離几一寸許玉堂舊式也中鐫

御題詩一首楷書鈐寶二曰乾隆宸翰曰惟精惟一匣蓋並鐫是詩隸書鈐寶二曰乾隆

十七

匣並鐫是銘隸書鈐寶二曰乾隆

御題銘一首楷書鈐寶二曰乾隆宸翰曰惟精惟一

上側下方鐫西清硯譜凡一十詩王堂書之也中鐫

色黃體輕極為細膩墨池深宋代鐫貴寶玉璞

硯高六寸六分寬四寸一分厚一寸三分金星具

舊溪沈王堂硯說

御製題舊澄泥玉堂硯

陶自唐年抑宋年玉堂舊式看依然欲詢執筆其丱者

上水船乎下水船

上水船字下水船

陶白唐年柳宋辛王堂讀右人名依次排列論執筆真其者

御製題詩依次元王堂韻

舊澄泥藻文石渠硯正面圖

繪圖十分之七

舊澄泥藻文石渠硯背面圖

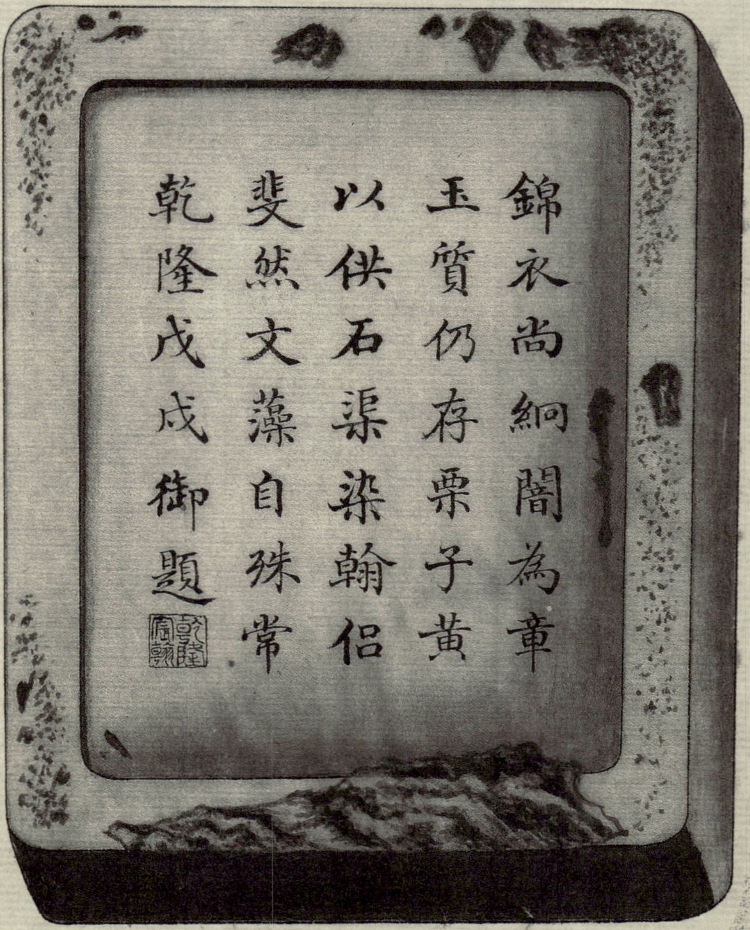

錦衣尚絅闇爲章
玉質仍存栗子黄
以供石渠染翰侶
斐然文藻自殊常
乾隆戊戌御題

乾隆

舊澄泥藻文石渠硯説

硯高五寸五分寬四寸八分厚七分許舊澄泥製色黄如蒸栗細膩潤澤硯面寛平周環以渠墨鏽深厚邉周刻水藻文刀法渾古硯背四周俱有剥蝕下方刓缺覆手鐫

御題詩一首楷書鈐寶一曰乾隆宸翰匣蓋並鐫是詩隸書鈐寶二曰幾暇怡情曰得佳趣

三十

御製題舊澄泥藻文石渠硯

錦衣尚絅闇為章玉質仍存栗子黃以供石渠染翰侶斐然文藻自殊常

二十二

舊澄泥伏犀硯正面圖 繪圖十分之六

舊澄泥伏犀硯背面圖

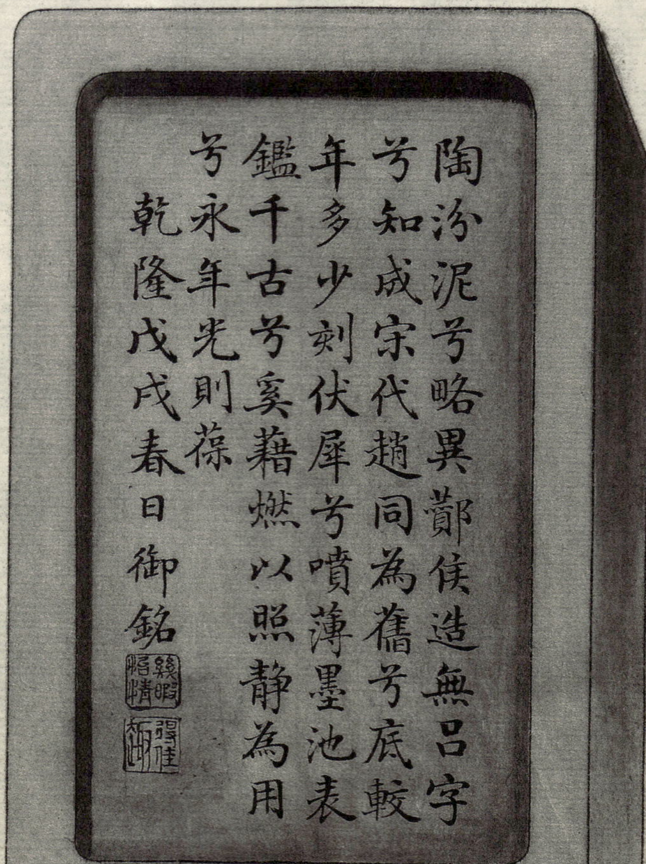

陶汾泥兮略異鄴侯造無呂字兮知成宗代趙同為舊兮底較年多少刻伏犀兮噴薄墨池表鑑千古兮奚藉燃以照靜為用兮永年光則祿

乾隆戊戌春日御銘

舊澄泥伏犀硯説

硯高七寸寬四寸四分厚一寸二分澄泥爲之色正黄質細而潤墨池深五分許中刻伏犀一昂首向硯作噴薄勢極爲生動覆手鐫

御題銘一首楷書鈐寶二曰幾暇怡情曰得佳趣匣蓋並鐫是銘隸書鈐寶同

二十三

坤六二直方大

瀚外播墨池餘靈非染天心田資流聽士書見象則那

庸土疏文爲作吉直資流以作篇其民石猶興天已顯

神製象篆光四直凡端

御製舊澄泥伏犀硯銘

陶汾泥兮略異鄴侯造無呂字兮知成宋代趙同為舊兮底較年多少刻伏犀兮噴薄墨池表鑑千古兮奚藉燃以照静為用兮永年光則葆

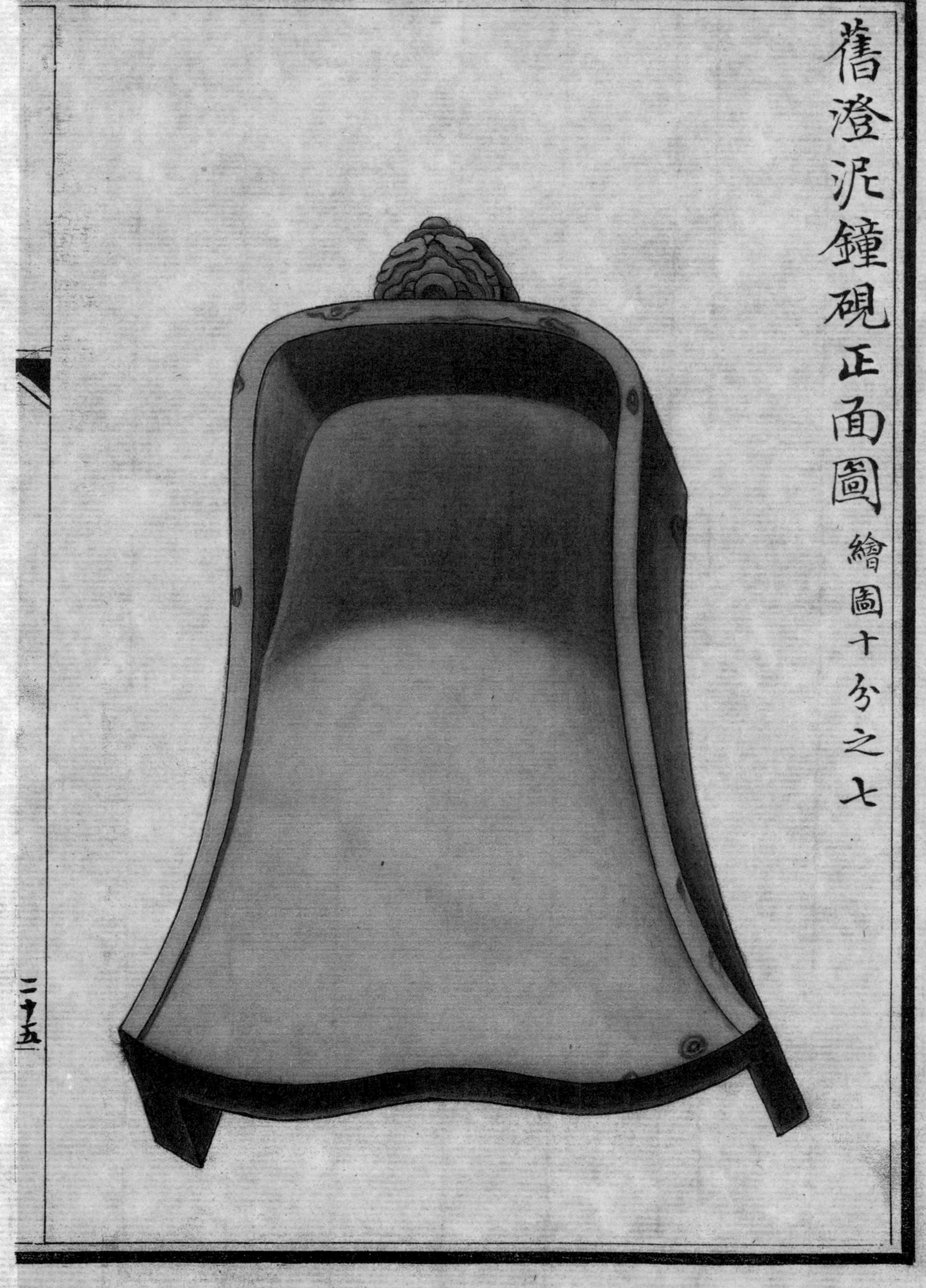

舊澄泥鐘硯正面圖 繪圖十分之七

二十五

舊澄泥鐘硯背面圖

模削誰成几
上肩洪鐘作式
出陶均設如洞
理文流響七名
疇為待扣人
乾隆戊戌閏月
御題

舊澄泥鐘硯說

硯高六寸上寬三寸下寬四寸八分為鐘式蒲牢鈕高八分厚不及寸舊澄泥製質極輕緻上方為墨池深廣可蓄瀋下受墨處亦甚寬平覆手上平下削兩跗離几七分許上方平處鐫

御題詩一首楷書鈐寶二曰比德曰朗潤匣蓋並鐫是詩隸書鈐寶一曰得佳趣下斜印東魯柘硯四字係記篆書按東魯柘硯無考或為魯人名柘者所

二十六

舊拓漢四出泉正面圖 縮圖十分之七

舊端石四直硯背面圖

[illegible]

[illegible]

製未敢臆斷也匣蓋鐫

御製詩与硯同隸書鈐寶一曰得佳趣

御製題舊澄泥鐘硯

模削誰成几上賔洪鐘作式出陶均設如洞理文流響七名疇爲待扣人

二十七

舊澄泥四直硯正面圖

繪圖十分之五

舊澄泥四直硯背面圖

席上珎文房佐言其質泥以作
論其堅石猶過光内韞德外播
墨池銹靈非涴沃心田資清課
宜讀易著則那坤六二直方大
乾隆戊戌御銘

舊澄泥四直硯說

硯高九寸二分寬五寸五分厚一寸四分澄泥為之色黃而黝受墨處界勒平直墨池深廣環博墨鏽深透聚瀋多而宜筆便於擘窠大書覆手鐫

御題銘一首楷書鈐寶二曰乾隆宸翰曰惟精惟一匣蓋並鐫是銘隸書鈐寶二曰乾隆案澄泥舊製埏埴精良者每以小品見珍

內府所藏如石函蕉葉夔紋等硯大皆僅逾五寸是

硯磅礴、盈尺而陶煉彌精尤不易得

御製舊澄泥四直硯銘

席上珎文房佐言其質泥以作論其堅石猶過光内韞
徳外播墨池銹靈非涴沃心田資清課宜讀易著則那
坤六二直方大